जज़्बात

बेहोशी से मदहोशी तक

डॉ० राजेश वर्मा

BookLeaf Publishing
India | USA | UK

Made with ❤ on the BookLeaf Publishing Platform
www.bookleafpub.in
www.bookleafpub.com

Dedication

यह संग्रह समर्पित है—

मेरे माता-पिता को,
जिन्होंने मुझे जीवन के संस्कार और
मूल्यों की नींव दी।

और मेरी R4 की तीन धड़कनों—रूद्राणी,
रितिशा और रोहिणी को,
जो मेरे जीवन की प्रेरणा, स्नेह और
उल्लास का स्रोत हैं।

— राजेश वर्मा

Preface

ज़िंदगी के हर पड़ाव पर मनुष्य जज़्बातों से गुज़रता है–
कभी दर्द की गहराई, कभी मोहब्बत की मिठास,
कभी तन्हाई की चुप्पी, तो कभी उम्मीद की रोशनी।

यह कविता संग्रह "जज़्बात : बेहोशी से मदहोशी तक" इन्हीं एहसासों की परछाई है।
एक निश्चेतना विशेषज्ञ होने के नाते, मैं रोज़ाना जीवन और मृत्यु के बीच झूलते पलों का साक्षी बनता हूँ।
ऑपरेशन थियेटर में जहाँ देह सो जाती

है, वहाँ अक्सर आत्मा जागती है—
और उसी से जन्म लेती हैं ये पंक्तियाँ।

बेहोशी से लेकर मदहोशी तक का यह
सफ़र प्रतीक है उस यात्रा का,
जहाँ इंसान दर्द से गुजरकर भी जीवन
का रस खोज लेता है।
यह कविताएँ किसी निष्कर्ष पर नहीं
पहुँचातीं,
बस पाठक को अपने भीतर झाँकने और
अपनी धड़कनों को सुनने का निमंत्रण
देती हैं।

अगर पढ़ते-पढ़ते आपको कहीं अपने ही
दिल की आवाज़ सुनाई दे,

तो यही इन जज़्बातों की असली मंज़िल होगी।

— राजेश वर्मा

Acknowledgements

सबसे पहले मैं अपने माता-पिता को
प्रणाम करता हूँ,
जिनके संस्कार और आशीर्वाद मेरे हर
कदम की ताक़त रहे हैं।
उनकी दुआओं के बिना यह संग्रह सम्भव
ही नहीं था।

परमपिता परमात्मा का भी आभारी हूँ,
जिन्होंने मुझे जीवन, चेतना और
अभिव्यक्ति की यह शक्ति दी।

इसके बाद मैं अपने परिवार—मेरी R4—
का हृदय से धन्यवाद करता हूँ,
जिन्होंने मेरे लेखन के लिए न सिर्फ़

प्रेरणा दी बल्कि धैर्य और साथ भी
निभाया।
उनका स्नेह इस पुस्तक की सबसे
मजबूत नींव है।

अपने मित्रों, सहकर्मियों और विद्यार्थियों
का आभारी हूँ,
जिन्होंने मेरी कविताओं पर अपनी
प्रतिक्रियाएँ देकर मेरे हौसले को और
मज़बूत किया।

एक निश्चेतना विशेषज्ञ होने के नाते,
मुझे जीवन और मृत्यु के बीच के क्षणों
को देखने का अवसर मिलता है।
वहीं से उपजे अनुभवों ने मेरी संवेदनाओं

को शब्द दिए और ये कविताएँ आकार ले सकीं।

अंततः, अपने सभी पाठकों का हृदय से धन्यवाद,
क्योंकि आपकी आँखों और दिलों तक पहुँचना ही इन जज़्बातों की असली मंज़िल है।

- राजेश वर्मा

1. मौसम

बदलते मौसम,
की मानिंद,
बदल गया हूं,
शायद मैं भी,
तरसता हूं तो,
बेहद तरसता हूं,
बरसता हूं तो,
बेहद बरसता हूं।

2. चाहत

चाहत हो,
राहत हो,
ताकत हो,
आफ़त हो,
रिफ़ाकत हो,
नज़ाकत हो,
सदाकत हो,
कयामत हो,
या इनायत हो,
जो भी हो,
अब मेरी आदत हो।

3. ज़ायका

तेरा साथ है तो,
हर सफ़र आसान,
हाथों में हाथ है तो,
जान में है जान,
वरना हर एक मंज़िल,
पहाड़ सरीखी लगती है,
कभी खट्टी कभी मीठी
कभी चटपटी तो कभी
तीखी लगती है,
तेरे साथ का ज़ायका है,
वरना यह जिंदगी,
फ़ीकी लगती है।

4. जुगनू

फ़लक से तारे
बेशक न तोड़ पाऊं,
जंगल से कुछ जुगनू,
जरूर पकड़ लाऊंगा,
बादशाह नहीं हूं,
जो बनवा दूं ताजमहल,
प्यार सच्चा है पर,
औकात में निभाऊंगा।

5. काफ़िर

दुनिया को यकीन था,
मेरी शराफ़त पर,
पर तुम्हारी नज़र में,
मैं शातिर ही रहा,
न रूक सका कहीं,
न आशियां बनाया,
सुकून की तलाश में,
सदा मुसाफ़िर ही रहा,
राह तकते रहे तुम,
कि मैं कदम बढ़ाऊं,
शुरुआत कभी कर न सका,
जब रहा आखिर ही रहा,
चाहत थी, इश्क में,
मोमिन हो जाऊं,

पर यह कंबख्ती की,
काफ़िर का काफ़िर ही रहा,
बहुत कोशिश की,
पर्दे में रखूं जज़्बात पर,
दिल में जो कुछ भी था,
चेहरे पर जाहिर ही रहा।

6. रावण

सब कुछ छोड़ कर,
दूर कहीं निकल जाऊं,
किसी फ़कीर की तरह,
पर तेरा प्यार है कि,
रोक लेता है मुझे,
दहलीज़ पर खिंची,
किसी लकीर की तरह,
हालांकि डर है मुझको,
रह गया इस पार तो,
बरसती रहेंगी ये आंखें,
सावन की तरह,
पर मालूम है यह भी,
कि लकीर के उस पार,

नोच लेगा कोई छल से,
किसी पापी रावण की तरह।

7. आधा सा चांद

अधूरी सी हसरत,
अधूरी सी ख्वाहिश,
अधूरी सी उलफ़त,
अधूरी सी नुमाइश,
अधूरा सा वादा,
अधूरा सा करार,
अधूरा सा इरादा,
अधूरा सा इकरार,
अधूरी सी इबादत,
अधूरी सी बंदगी,
अधूरी सी मोहब्बत,
अधूरी सी ज़िंदगी,
आधी सी खुली,
खिड़की से झांकता,

वो आधा सा चांद,
इस अधूरेपन को ताकता,
वो आधा सा चांद,
मेरे लिए दुआ मांगता,
वो आधा सा चांद।

8. साज़

किसी ने छेड़ा ही नहीं,
इस साज़ पर,सौ तराने थे,
किसी ने रोका ही नहीं,
रुकने को तो,सौ बहाने थे,
किसी ने पूछा ही नहीं,
सुनाने को तो,सौ अफ़साने थे,
किसी ने मांगा ही नहीं,
लुटाने को तो,सौ ख़जाने थे,
किसी ने परखा ही नहीं,
वरना हम भी,गज़ब दीवाने थे।

9. कसक

कुछ घाव अभी भी भरे नहीं,
कुछ ज़ख्म अभी भी रिसते हैं,
कुछ भाव अभी भी मरे नहीं,
कुछ इतने पक्के रिश्ते हैं,
कुछ कसमें हैं,फ़रियादें हैं,
कुछ सच्चे झूठे वादे हैं,
कुछ आधी अधूरी बातें हैं,
कुछ तन्हा काली रातें हैं,
कुछ कसक अभी भी थोड़ी है,
इक कोने में रख छोड़ी है,
कुछ खट्टी-मीठी यादें हैं,
कुछ भूले बिसरे किस्से हैं,
एक ज़माना बीत गया,
पर अब भी वो मेरे हिस्से हैं।

10. रज़ा

कभी मान जाइए,
कभी मना लीजिए,
कभी जान जाइए,
कभी बता दीजिए,
कभी चुप रहिए,
कभी जता दीजिए,
रहमत में उसकी,
सब रज़ा लीजिए,
छोटा-सा है,
यह सफ़र जनाब,
छोटी छोटी बातों,
का मज़ा लीजिए।

11. संविधान

परचम अलग है,
निशान अलग है,
पूजा अलग है,
अज़ान अलग है,
न कोई जात,
न कोई धर्म,
अरे साहब हमारी,
पहचान अलग है,
एक तरफ़ हम दोनों,
उधर सारी दुनिया,
फिर भी ,
इस गठबंधन की ,
शान अलग है,
बांट सकती नहीं,

कोई सियासत हमें,
इश्क की,
संसद अलग है,
संविधान अलग है।

12. शाम

कुछ हसरतें दबी रही,
कुछ जवान हो गई,
कुछ चाहतें मशहूर,
कुछ बदनाम हो गई,
कुछ कहानियां छुपी रही,
कुछ आम हो गई,
कुछ ख्वाहिशें मुकम्मल,
कुछ नाकाम हो गई,
ज़िंदगी की शाम,
यूं तमाम हो गई,
कुछ मसरूफियत,
कुछ जाम हो गई।

13. आईना

आईना पूछ बैठा मुझसे,
कि तुम क्या चीज़ हो,
ऐ आईने तू ही बता,
कि मैं क्या चीज़ हूं,
मैं कोई खुदा नहीं,
बस एक नाचीज़ हूं,
थोड़ा सा सलीकेदार,
थोड़ा सा बदतमीज़ हूं,
कभी पाक और पवित्र,
कभी-कभी गलीज़ हूं,
एक पल में शहंशाह,
एक पल कनीज़ हूं,
किसी की बुरी नज़र,
किसी का तावीज़ हूं,

किसी का ईलाज हूं,
किसी का मरीज़ हूं,
कड़वा हूं ज़ुबान का,
दिल से मगर लज़ीज़ हूं,
चुभता हूं कई नज़रों में
फिर भी हरदिल अज़ीज़ हूं।

14. शुरुआत

जमने लग गई है,
बर्फ़ की हलकी,
सी परत,
रिश्तों पर भी,
थोड़ी सी गर्मजोशी,
जज़्बात में भरते हैं,
बेशक सुना लेना,
चार बातें,
पर कम से कम,
एक मुलाकात,
तो करते हैं,
ख़त्म होने को है,
यह साल भी,
चलो ख़त्म,

यह बात करते हैं,
नए साल में,
फिर मिल कर,
एक नई,
शुरुआत करते हैं।

15. बेखुदी

बेखुदी में साथ गाए नगमे,
अकेले में भी हम गुनगुनाएंगे,
साथ बिताए ये खुशनुमा लम्हें,
कई दिन हमें यों ही गुदगुदाएंगे,
नींद में भी हम कभी कभी,
एक दूसरे का नाम बुदबुदाएंगे,
याद रहेगी यह मुलाकात ताउम्र,
कई रोज़ इसके किस्से सुनाएंगे,
मसरूफियत की कैद से बाहर,
फिर न जाने कब निकल पाएंगे,
रोक लो अपने कदम इस दफ़ा,
अबकी बार जो जुदा हुए ,
फिर न जाने कब मिल पाएंगे ।

16. ज़िक्र

बहुत नाज़ुक होती है,
डोर रिश्तों की,
न खींचिए इसे,
थोड़ा सबर कीजिए,
मुश्किल से मिलता है,
कोई चाहने वाला,
चाहत की उसकी,
कुछ क़दर कीजिए,
जो चुन रहा है,
आपकी राह के कांटे,
चुपचाप बिन बताए,
उस शख्स की,
थोड़ी फ़िक्र कीजिए,
गर मोहब्बत है,

आपके भी दिल में,
कभी तो उससे,
ज़िक्र कीजिए।

17. सफ़र

रूठने की बारी,
कभी मेरी, कभी तुम्हारी,
कभी थोड़ा-थोड़ा गुस्सा,
कभी बातें प्यारी-प्यारी,
कभी मान कर भी,
न मानने की नज़ाकत,
कभी न मान कर भी,
मान जाने की दुश्वारी,
रूठने मनाने का ये सिलसिला,
ताउम्र यूं ही चलता रहे,
मंजिल की फ़िक्र है किसे,
ये सफ़र बिंदास चलता रहे।

रह जाऊं मैं जो पीछे,

तो तुम खींच लेना,
कड़के कभी जो अंबर,
बाहों में भींच लेना,
ठोकर लगे तुम्हें तो,
मैं संभाल लूंगा,
गिरने लगूं कभी तो,
तुम संभाल लेना,
कदम-दर- कदम ये साथ,
गिरता- संभलता रहे,
मंजिल की फ़िक्र है किसे,
ये सफ़र बिंदास चलता रहे।

मेरे शौक़ तुम निभाओ,
अरमान दे दो अपने,
पूरे करेंगे मिल कर,

सब सच्चे- झूठे सपने,
हर शौक़ हर अरमान,
सीने में मचलता रहे,
मोहब्बत का चिराग़,
ताउम्र यूं ही जलता रहे,
मंजिल की फ़िक्र है किसे,
ये सफ़र बिंदास चलता रहे।

18. रहनुमा

चल रहा हूं,
राह पर जिसकी,
दांव पर लगा,
अपनी ज़िंदगी,
क्या इस परवाने की,
तुम शमां हो,
निहार रहा हूं,
एक टक जिसे,
चकोर सा,
क्या तुम ही वो,
चमकता चांद हो,
या मुझे रिझाते,
किसी टूटते हुए,
तारे का गुमां हो,

महफ़ूज़ रख सके,
रास्ते की हर शय,
हर मुश्किल से,
क्या तुम ही ,
वो नेक रहबर,
मेरे रहनुमा हो।

19. मयस्सर

ख़्वाब आते भी तो कैसे,
मुकम्मल जब नींद ही न थी,
तुम्हें देख कर ही तो,
इक ख़्वाब बुना है हमने।
लौट जाती थी हर एक सदा,
दिल के दरवाज़े से ही,
तुमने बेशक न कहा हो,
फिर भी कुछ सुना है हमने।
तुम आए ज़िंदगी में तो,
मयस्सर हुई है बहार थोड़ी सी,
वरना ताउम्र पतझड़ में,
सूखे पत्तों को चुना है हमने।

20. ईद

तुम्हें चांद की,
हमें तुम्हारी,
दीद मुबारक,
मिल कर गले,
कह दो,
ईद मुबारक।

ये इश्क है जनाब,
खेल अजीब है,
इसमें कोई खबर नहीं,
कौन दोस्त है,
कौन रकीब है,
कौन रखता है रंजिश,
कौन दिल के करीब है,

कौन हमसफ़र है,
कौन यहां मीत है,
कौन हार सकता है,
तुम्हारी हार में,
किसे तुमसे ज्यादा,
प्यारी अपनी जीत है,
जिसे जीतना है इश्क में,
उसे उसकी जीत मुबारक,
हमें सब कुछ हार कर भी,
जीतने की रीत मुबारक,
मिल कर गले कह दो,
ईद मुबारक।

कलमा तुम्हारी उल्फत है,
सजदा तुम्हारी चाहत है,

आंखों से ओझल हो तो,
आफ़त और कयामत है,
बस एक झलक भी,
सुकून है राहत है,
मिल जाओ इसी जनम ,
रब की बहुत इनायत है,
वरना हम हैं,
और हमारा इंतजार,
अगले जनम ही सही,
मिलने की उम्मीद मुबारक,
मिल कर गले,
कह दो,
ईद मुबारक।

21. लाजवाब

पढ़ना चाहता हूं जिसे,
तुम वही किताब हो,
हर एक सवाल का,
माकूल जवाब हो,
सूरज की चमक,
रात का महताब हो,
मेरे दर्द -ओ-ग़म का,
चिलमन हो नकाब हो,
नशा हो सुरूर हो,
या फिर शराब हो,
आंख बंद हो तो,
इक हसीन ख्वाब हो,
आंख खुले तो,
खिला हुआ गुलाब हो,

जो भी हो तुम,
ख़ुदा की कसम,
लाजवाब हो।

22. हद

राह देखूंगा तेरी कयामत तक,
ये मेरे इंतजार की हद है,
यकीन है तेरी हर बात पर,
ये मेरे करार की हद है,
मुमकिन नहीं ज़िंदगी तुम बिन,
ये मेरे इकरार की हद है,
और कुछ याद नहीं तुम्हारे सिवा,
ये मेरे प्यार की हद है।

23. फ़ुरसत

किसी को चांद,
किसी को चांद सी,
सूरत चाहिए,
संगमरमर से बनी,
ताज महल सी,
हसीं मूरत चाहिए,
स्याह रंग है
जिस भंवरे का,
गुलाब उसे भी,
ख़ूबसूरत चाहिए,
किस किस के,
महबूब को,
फ़ुरसत से बनाए,

ख़ुदा के पास भी तो,
इतनी फ़ुरसत चाहिए।

24. सदा

रात खिली है,
हर एक दिशा,
चांदनी की खुशबू से,
महक रही है,
नदी चुपचाप,
दबे पांव,
सागर से मिलकर,
चहक रही है,
फिज़ा में,
घुली हुई है ठंडक
फिर भी अंदर,
किसी कोने में,
धीमी सी एक चिंगारी
दहक रही है ,

न जाने कौन
दे रहा है सदा,
सुनकर जिसे,
बेजान पड़ी ये रूह,
बहक रही है।

25. पंचायत

मोहब्बत का कोई दिन नहीं होता,
इज़हार की कोई रिवायत नहीं होती,
आपस में कभी शिकवा तो होता है,
तीसरे से कभी शिकायत नहीं होती,
रूठना और मनाना तो रोज़ होता है,
अदा होती है, पर अदावत नहीं होती,
नोंक-झोंक, रोक-टोक सब होता है,
बागीपने में भी पर बगावत नहीं होती,
नज़रिया कभी अलग भी होता है,
भूल से भी पर ख़िलाफत नहीं होती,
इक अनकहा- अनसुना क़रार होता है,
इश्क इश्क होता है, इनायत नहीं होती,
हर एक फैसला, इकरार से होता है,
प्यार में साहब कभी पंचायत नहीं होती,

महज़ ढाई अक्षर का सबक होता है,
गीता पुराण या कोई आयत नहीं होती।

26. इनायत

मुकम्मल जहां मिले या न मिले,
तुम मिल गए हो यह भी इनायत है।
थोड़ी सी ज़मीन नसीब है मुझको,
थोड़ा सा आसमान का हिस्सा है,
बहुत लम्बी कहानी नहीं है हमारी,
कुछ खट्टे-मीठे पलों का किस्सा है,
जो भी मिला है तेरे साथ, काफ़ी है,
रब से न कोई शिकवा न शिकायत है,
मुकम्मल जहां मिले या न मिले,
तुम मिल गए हो यह भी इनायत है।
कुछ फूल हैं और कुछ कांटे हैं,
मिल जुलकर हमने छांटें हैं,
दुःख और सुख, खुशी और ग़म,
जो भी मिला, आपस में बांटे हैं,

कभी जश्न और महफिलों का शोर,
कभी मातम और कभी सन्नाटे हैं,
हर हाल में ज़िंदादिली सलामत है,
मुकम्मल जहां मिले या न मिले,
तुम मिल गए हो यह भी इनायत है।
तुम्हारी ख्वाहिश मेरी ख्वाहिश,
तुम्हारा दर्द मेरा भी दर्द है,
तुम्हारे साथ से जज़्बात में है गर्मी,
वरना हर मौसम ठंडा और सर्द है,
साफ़ है मुस्तकबिल तुम्हारे साथ,
वरना हर नज़ारे पर धुंध और गर्द है,
जुदा हो भी जाएं आज तो ग़म नहीं,
अगले जनम मिलने की भी रिवायत है
मुकम्मल जहां मिले या न मिले,
तुम मिल गए हो यह भी इनायत है।

27. भरम

तेरी हर सौगात को,
सहेज कर ऐ सनम रख लूंगा,
इस जनम की उम्मीद तुम से,
बाकी छः जनम मैं रख लूंगा,
चाहे कांटे मिले या कलियां,
जैसा भी मिले चमन रख लूंगा,
इक बार कह कर तो देख,
सच्ची झूठी हर कसम रख लूंगा,
मेरी लापरवाही का पर्दा तू रख,
तेरी बेपरवाही का भरम मैं रख लूंगा।

28. आदत

कदम से कदम मिलाते,
ऐसी रिफ़ाकत हो जाए,
हाथों से हाथ छूटे न कभी,
चाहे क़यामत हो जाए,
साथ निभाने की कुछ,
ऐसी रिवायत हो जाए,
तुझे मेरी, मुझे तेरी,
ऐसी आदत हो जाए,
इश्क इश्क न रहे,
बस इबादत हो जाए।

29. रंग

कभी मिल कर देखे,
कभी अलग-अलग,
सपने हैं अपने-अपने,
सच करने की उमंग एक है।
कुछ फ़र्ज़ है तुम्हारा,
कुछ धर्म मेरा भी है,
जिम्मेदारी अपनी-अपनी,
निभाने का ढंग एक है।
कुछ रास्ता तय करो तुम,
कुछ फलाँग मैं भी भागूं,
राहें हैं अपनी-अपनी,
मंज़िल की जंग एक है।
कुछ फूल तुम चुनोगे,
मैं छांट लूंगा कांटे,

क्यारी है अपनी-अपनी,
सजाने की तरंग एक है,
मेरा अपना तौर-तरीका,
तुम्हारी अदा और सलीका,
न काला कोई न गोरा,
इस राधा-श्याम का रंग एक है।

30. ताज

न मैं शाहजहां,
न तुम मुमताज़ हो,
थिरक सकता हूं,
ताउम्र जिस पर,
वो दिलकश,
सुरीला साज़ हो,
कानों में घुल जाए,
मिसरी सी,
वो पुरकशिश,
दिलनशीं आवाज़ हो,
ख्वाहिशें को,
पंख भी तुमसे मिले,
तुम आसमां,
तुम्हीं मेरी परवाज़ हो,

रहे दफ़न,
सीने में दफ़न तक,
वो खूबसूरत,
हसीन राज़ हो,
मकबरा न हो,
निशानी प्यार की,
ज़िंदादिली का,
ऐसा कोई ताज हो,
न मैं शाहजहां,
न तुम मुमताज़ हो ।

31. बारिश

कुछ अधूरी,
कुछ अनकही,
ख़्वाहिशों का मौसम है।

टपकती बूंदों के,
संगीत को चुपचाप सुनते,
तरसते लबों की,
गुज़ारिशों का मौसम है।

मोहब्बत बरस रही है,
आज आसमां से,
आओ साथ में भीगें,
बारिशों का मौसम है।

32. महफ़िलें

थोड़ा होश बहकने दो,
थोड़ा जोश चहकने दो।
दिल की बात कह भी दो,
लबों को अब बहकने दो,
क्यों चलना है सीधे-सीधे,
कभी तो मन को भटकने दो,
सपनों को हकीकत बनने दो,
हर धड़कन को धड़कने दो,
बुझने से पहले इस दिए को,
एक बार ज़ोर से भड़कने दो,
सजाते रहो महफ़िलें,
जाम छलकने दो,
ढलती हुई उम्र से,
थोड़ा बचपन झलकने दो।

33. चंद घड़ियाँ

तुम अपनी उलझन में उलझे,
तो हम भी कहाँ आज़ाद हैं,
तुम गर खुश हो अपने जहाँ में,
तो हम भी कहाँ नासाज़ हैं।

तुम कर रहे हो खूब तरक़्क़ी,
तो हम भी कहाँ बरबाद हैं,

फुर्सत नहीं तुम्हें मिलने की,
हम भी कहाँ इत्मीनान में हैं,
ज़िंदगी की भागदौड़ में,
सब अपने-अपने अरमान में हैं,

मसरूफ़ियत को थोड़ा टाल लो,
चंद लम्हे यारों के लिए निकाल लो,
वक़्त से चंद घड़ियाँ चुरानी पड़ेंगी,
यादें कहाँ बनती हैं खुद-ब-खुद,
हमें तुमसे, तुम्हें हमसे—मिलकर बनानी पड़ेंगी।

34. ज़िंदगी

कभी चांद सी चमकती,
कभी अमावस सी भटकती,
है ज़िंदगी,
कभी गुलाब सी महकती,
कभी आग सी दहकती,
है ज़िंदगी,
कभी गुस्से से उबलती,
कभी खुशी से मचलती,
है ज़िंदगी,
कभी आसमां से गिरती,
कभी ठोकरों से संभलती,
है ज़िंदगी,
कभी चट्टान सी ठहरती,
कभी रेत सी फ़िसलती,

है ज़िंदगी,
कभी मोम सी पिघलती,
कभी दिए सी जलती,
है ज़िंदगी,
जिस रफ़्तार से चलती,
है ज़िंदगी,
उसी रफ़्तार से ढलती,
है ज़िंदगी।

35. देर

आसमां था कभी,
अब ख़ाक हूं,
शोला था कभी,
अब राख हूं,
आपको हमारी याद,
आई है,
पर ज़रा देर से,
फूल खिलते खिलते,
रह गए,
मीत मिलते मिलते,
रह गए,
मौसम ने ली,
अंगड़ाई है,
पर ज़रा देर से,

सर्द पड़ चुके हैं,
जज़्बात भी,
गुंजाइश कहां,
अब गरमाहट की,
अबके बहार,
आई है,
पर ज़रा देर से।

36. मुलाकात

न चांद,
न चांदनी रात,
न टिमटिमाते,
तारों की बारात में,
न गुल-ए-बहार,
न शालीमार ,
न निशात में,
न मयकशी,
न मयकदे,
न आबे हयात में,
झूम रहा हूं, ,
न जाने क्यों,
आज भी मैं,
कितना नशा था,

उस छोटी सी,
मुलाकात में।

37. शाम

कुछ हसरतें दबी रही,
कुछ जवान हो गई,
कुछ चाहतें मशहूर,
कुछ बदनाम हो गई,
कुछ कहानियां छुपी रही,
कुछ आम हो गई,
कुछ ख्वाहिशें मुक्कमल,
कुछ नाकाम हो गई,
ज़िंदगी की शाम,
यूं तमाम हो गई,
कुछ मसरूफियत,
कुछ जाम हो गई।

www.ingramcontent.com/pod-product-compliance
Lightning Source LLC
LaVergne TN
LVHW050758051026
849532LV00008B/2904
* 9 7 8 9 3 7 0 9 2 6 1 2 7 *